Esto no es Berlín Ediciones / Los Libros de la Mujer Rota

Diseño de cubierta y supervisión: Karen Maza-Madrazo Mazarrasa
Maquetación: Enrique Hernández Uribe

ISBN: 978-84-120000-9-2
Depósito legal: M-20614-2025

Esto no es Berlín y Los Libros de la Mujer Rota son sellos de Productora del Nuevo Relato Social.

Calle Cartagena 19, 3º A. 28028. Madrid. España.
Impreso en España. Madrid - Noviembre 2025

好

Li Suo

Traducción
Isolda Morillo

Nota de la traductora

En la tradición cultural y filosófica china, el carácter 好 (*h ǎ o*), compuesto por 女 (*n ǚ*, mujer) y 子 (*z ǐ*, hijo), ha simbolizado durante siglos un ideal de "bien" profundamente arraigado en el núcleo familiar. Desde la visión confuciana, el bien se fundamenta en la armonía familiar, asignando a la mujer un papel central como transmisora de valores y garante del orden moral. Este enfoque define la virtud femenina a partir de su rol relacional como madre, esposa o hija, subordinando su identidad a las expectativas sociales. Al desvincularse de estos roles, la mujer, según esta tradición, rompe la noción del bien, planteando una amenaza al equilibrio moral y social.

Esta concepción, sin embargo, es cuestionada en la actualidad. La mujer en China ha atravesado transiciones radicales en menos de dos siglos: desde su subordinación en una sociedad feudal, pasando por su rol activo en la construcción del socialismo maoísta, hasta su integración en un entorno urbano y capitalista. En este nuevo contexto, las tensiones entre las expectativas tradicionales y las demandas modernas han llevado a muchas mujeres a reconfigurar su identidad y su lenguaje, desafiando las estructuras patriarcales que históricamente han definido el bien.

La poeta Li Suo aborda estas tensiones con un lenguaje íntimo y sencillo que explora temas como el amor, la maternidad y el deseo, cuestionando, precisamente, las narrativas que subordinan a la mujer al deber familiar. En línea con el pensamiento de Judith Butler, quien sostiene que "el lenguaje no solo describe realidades, sino que produce nuevas formas de ser", Li Suo convierte sus poemas en actos performativos que reconfiguran los marcos normativos de la subjetividad femenina.

En una sociedad en la que afirmar el deseo se sigue percibiendo como una ruptura moral, la poesía de Li Suo se erige como un espacio de resistencia y experimentación. Mientras en Occidente estas temáticas han dejado de ser transgresoras, en muchos países asiáticos la afirmación de la autonomía femenina aún representa un desafío cultural. Sus poemas, en apariencia sencillos, proponen un lenguaje que ilumina las contradicciones entre las normas heredadas y la búsqueda de una identidad autónoma, abriendo camino hacia una nueva concepción del "bien": no como cumplimiento de un mandato externo, sino como creación auténtica y personal.

Isolda Morillo

PRIMERA
PARTE

女人梦

嘈杂的饭桌上
她借着酒劲儿讲述了自己的梦
梦中她穿着婚纱
坐在空房间里
满地灰尘没有一个脚印
她先看见自己抚琴的背影
然后看见转过身的
那个女人
脸上只有两个巨大的眼睛
血丝密布
流着泪水
怔怔地从她面前飞走了
她说感觉自己就那样坐了上千年
无人进来看望她
更无人在乎她需要什么
当她讲述这个梦
饭桌上的男人们
包括她丈夫
都忙着喝酒喝酒
吃面吃面

sueño de mujer

durante una comida bulliciosa
ella
desinhibida por el alcohol
contó un sueño en el que
ataviada de novia
se encontraba sentada en una habitación
vacía
el suelo cubierto de polvo
impecable
sin un rastro de pisadas
al principio
estaba de espaldas
acariciando las cuerdas de un arpa
cuando de pronto
se volvió
en su rostro solo tenía
dos enormes ojos
de mirada sanguinolenta
y lacrimosa
la mujer del sueño emprendió vuelo
diciendo que llevaba más de mil años sentada
allí
sin recibir visita alguna
sus necesidades olvidadas

mientras ella contaba este sueño
los hombres alrededor de la mesa
—incluido su esposo—
seguían
comiendo y bebiendo

怎么办

我不知道该拿这些
没吃完的土豆
怎么办
前些天他们
是呆头呆脑的
小孩子
现在
她们每一个
都是
发了芽的妈妈

¿qué hacer?

no sé qué hacer con estas
patatas que han sobrado
hace unos días eran
niñas
tontas e inocentes

ahora
se han convertido
en madres
de las que brotan
pequeñas raíces

关于圣母

很多年后
我才明白并
真正理解
好友给我的劝告
“不要再做圣母了”

今天看完电影《坠落的审判》
我忽然想起
一个男人
大我很多岁
曾经他说
“你好乖
有种柔软的气息
像个小母亲”

那时我二十六七岁
发自内心感到骄傲
以为
那是赞美

santa

muchos años después
comprendí al fin el consejo
de una amiga:
"deja de actuar como una santa"

hoy
tras ver *Anatomía de una Caída*
recordé de golpe
las palabras de un hombre
mucho mayor que yo
esas que solía repetir frecuentemente
"eres tan obediente, tan delicada
eres una muchachita muy maternal"

tenía veintiséis o veintisiete años
esas palabras me llenaban de orgullo

estaba convencida de que
eran un auténtico halago

身体的肖像

肚子被画成倒悬的坛子
大腿根内侧的阴影
向上延伸
支撑起这只浑圆的器皿
右侧打过来的光
让肚皮似乎在呼吸
正中间的肚脐
像一颗凹陷的小眼睛
那片浓郁的阴毛
凝固在碳里
如一段烧黑的木塞子
嵌在坛口
让坛内的水
和动静
不至于滴落下来

retrato

el vientre se revela como una garrafa invertida
las sombras en la arquitectura femoral ascienden
tensas
sosteniendo el volumen redondo
la luz irrumpe desde la derecha
convirtiendo al abdomen en un suspiro
detenido el ombligo en el centro
cavidad que evoca un pequeño ojo
hundido el vello púbico
denso
atrapado en color carbón
se incrusta como un corcho quemado
en la boca de la garrafa
evitando que el agua
o cualquier movimiento
se desparrame fuera

入乡随俗

第一次去丈夫老家
高高的堂屋里
摆一张宽大的方桌
开饭时男人们
推推让让上了桌
因为远道而来且是知名作家
她也被请到桌上
出了多少书
销量多少万
改编成电影能赚多少钱
丈夫隆重地向大家介绍她时
她看见女人们
坐在院中雨棚下
一人手里端只碗
安静地吃着饭
当推杯换盏的男人们
笑着对她说
你真是我们的贵宾啊
她脱口而出
不不，我就是只贵宾犬

adaptándose a las costumbres

era su primera visita al pueblo natal de su marido
en el salón principal
bajo un techo alto
una mesa rectangular dominaba el espacio
antes de la cena
los hombres la invitaron a sentarse con ellos
cortesía de rigor para una escritora famosa
llegada de lejos
la bombardearon con preguntas:
—¿cuántos libros has publicado?
—¿cuántos millones has vendido?
—¿cuánto ganas con una adaptación cinematográfica?

el marido la elogiaba con pompa
mientras las otras mujeres comían fuera
bajo un toldo
con cuencos en las manos
en silencio

los hombres que
entre platos y copas cambiantes
se deleitaban con la comida y el licor
le dijeron riendo:
—eres nuestra invitada de honor
ella sin titubear respondió:
—no no solo soy su mascota de honor

两性双关

女人的大腿是一对睾丸的形状
细长而鼓胀的腹部
刚好是一根勃起的阴茎
顶端
冠状沟和饱满的龟头
自然分裂为一对乳房
这是史前人类创造的
女性裸体石雕
被时间磨丢了头
我因此看不见她的表情
只剩下她稳定的姿态
和他永恒而粗壮的力
这个两性雕刻双关里
必定有一条神秘却不可见的
阴道——
一条从石器时代的黑暗洞穴里
延伸到此刻的路
——我们仍在其上跋涉
男性刚愎嗜血旺盛幼稚
女性博大淫荡果决卑微
一次次尖叫哭泣着
拥抱交合与诞生的暴力

dos géneros

los muslos de la mujer tienen forma de testículos
su abdomen largo y abultado
se asemeja a la parte superior
de un pene erecto
la hendidura coronaria y el glande lleno
se transforman en un par de pechos

es una escultura de piedra prehistórica
una estatua femenina desnuda
cuya cabeza desgastada por el tiempo
no muestra expresión alguna

queda la postura serena de ella
y la fuerza infinita y robusta de él

seguro que hay una vagina oculta
invisible
un camino que conecta aquella gruta oscura de la Edad de Piedra
con el presente
y por ese camino seguimos andando
lo masculino obstinado sediento de sangre potente e infantil
lo femenino generoso sensual determinado reservado
que aúlla y llora
y abraza la violencia
que significa unirse para dar vida
una y otra vez

报复

一个石榴
一个黄皮梨
静置在她衣柜顶上

任它们干瘪收缩
默默腐烂
她说

这是她施加的暴力
在两个水果上
用来还击世界
遗弃了
她

venganza

una granada
una pera amarilla
reposan inmóviles
sobre el armario

deja que se marchiten
que se encojan
que se pudran en silencio
dice ella

un pequeño acto de violencia
infligido a las frutas
para devolverle el golpe al mundo
después del abandono

冷漠

坐在候诊室
像学生临考前
在心里
复习要和医生说的病症
荨麻疹
无法深睡
靠吃药维持的化学睡眠
越来越多的白发
卵巢早衰
……
身体是一张试卷
已被揉皱涂花
但好像和“我”并没有太多关联
反正割草机剪过时
草的尖叫也无人听见

frialdad

sentada en la sala de espera
como antes de un examen
repaso mentalmente
lo que le diré al médico:
urticaria
insomnio
somníferos
canas que se multiplican
insuficiencia ovárica temprana
mi cuerpo
como el papel de un examen arrugado
tachado
extraño
ajeno

pasa la cortadora de césped
y nadie hace caso de los gritos de la hierba

得逞

街边站着翘臀白腿的女人
被风鼓起的伞才会有
那种饱满和细细的柄
或者一节嫩藕
出水的时候还带着
湿答答的泥渍
要有多大的欲望
才有勇气当街掀起
她的裙子
必将得到一声尖叫
大喊变态
可是为了看一眼
她的粉色内裤
就一眼
就着火一样冲进树林

salirse con la suya

por la calle una mujer
el trasero empinado
las piernas blancas rebosantes un cuerpo
robusto con extremidades delgadas como un
paraguas henchido por el viento como un
tramo de raíz de loto
recién sacada del agua
aún llena de lodo

cuánto deseo
y cuánta valentía la tuya
para levantarle el vestido en plena vía
"¡pervertido!"
gritaría ella
pero tú sólo buscabas
atisbar las bragas
rosadas
apenas un vistazo
después
te apuraste
y te perdiste en el bosque
con la rapidez del fuego

那急于证明的语气到底是为了什么

直直地并排躺在床上
他在我身边
呼吸声很粗
我不知道接下来会发生什么
身体里有种期待
甚至可以说是献身的冲动
他知道
但他似乎在犹豫
终于他开始摸我的乳房
我身体紧绷
像被捆在过山车上
等他的手指
只是轻轻触到我下面
那里就决堤流水
十几年后
这些画面都记得
更清晰记得的是

进入前他问了句
“你是不是处女”

¿a qué se debe el tono ansioso de tu voz?

estábamos tumbados juntos
él a mi lado en la cama
su respiración era grave
yo no sabía qué iba a suceder
mi cuerpo
expectante y ávido
—sí, creo que puedo describirlo así—
él
consciente de esto
titubeaba
hasta que por fin
sus manos acariciaron mis pechos
mi cuerpo se tensó
sentí que estaba atada a una montaña rusa
cuando sus dedos
llegaron abajo
y se desató un torrente

más de diez años después
recuerdo esa imagen
pero lo que más nítidamente permanece
en mi memoria
es su pregunta
justo antes de entrar en mí:
"¿todavía eres virgen?"

香气
致伊蕾

只要闻到面包在烤箱里
散发焦香
我就想她
正抱着一纸袋面包
从莫斯科深渊般的地铁里
优雅地走出来
餐巾高脚杯银质刀叉
总让我想她
想她的
真丝连衣裙羊毛衫
美好的物件
被她经手后
都会更香更有灵魂
所有花也都
让我想她
每一个夏天
我更想她
因为她说
夏天的身体上
遍开鲜花
如果我变得没有勇气
我就会特别想她
想她如何从生命中
淬炼出了“生”
与“命”
只要看到米粥
正溢出锅面
只要看着那些奶白色气泡
在迅疾升腾
我就忽然想她
就想好好活完一生

fragancia

para Yi Lei

cada vez que el pan que está dorándose en el horno
libera su aliento caliente pienso en ella
elegante
cargando una bolsa de papel mientras emerge
llena de gracia del abismal metro de Moscú
los manteles las copas altas
los cuchillos y tenedores de plata
siempre me la recuerdan
sus vestidos de seda
sus suéteres de lana
todo objeto hermoso tocado por sus
manos se volvía más fragante más vivo
incluso las flores todas ellas
la convocan nuevamente

cada verano su sombra se alarga en mi mente
decía que en verano
el cuerpo florece por completo
cuando me falta coraje
la recuerdo
recuerdo
cómo destilaba de lo cotidiano la
esencia misma de la vida
y así
solo ver el arroz hervir
desbordando los bordes de la olla
sus burbujas blancas ascendiendo
rápido
me la recuerda y me hace
querer vivir la vida vorazmente

再见初恋

我动手打过她
有次孩子考试不及格
她很生气在教训孩子
我一拳打过去
说我的儿子
只有我能打”
然后他看了看我
“觉得不可思议吗
就算我们当年
真在一起了
你也可能会被
我
……”

adiós primer amor

sí —me dice
le pegué una vez
cuando nuestro hijo no aprobó un
examen
ella estaba enojada y lo regañaba
entonces le di un puñetazo y le advertí
que a mi hijo solo le pego yo

después me mira y me pregunta
—¿te parece increíble?
si nosotros hubiéramos terminado
juntos tú también habrías recibido
el mismo trato

反千千阙歌

十六岁你们骑自行车
五十公里去看山捡石头
十七岁他请你吃百富汉堡
对你来说那是新鲜事物外来文化
十八岁他分享给你听
魔岩三杰中国摇滚
然后也是十八岁
他送你出疆他留在新疆
其后二十年别别离离
难表无话
再重逢
你记得上面每件事
感激生命的底色留着他给的彩色
他有些记得有些
已忘记而人生中年黑白
挥发发灰
你想至少重逢还是一首歌
至少可以问候他父母身体健康
做他孩子的远房姑姑
可他在一个晚上
发来一张照片
只穿一条紧身内裤
秀着微胖的身体

contra *Mil canciones de amor*

a los dieciséis años iban en bicicleta
recorrían cincuenta kilómetros
para ver montañas recoger piedras
a los diecisiete te llevó
a probar una hamburguesa de Big Beef
exótica
lejana
a los dieciocho años te hizo escuchar
a los tres grandes del rock chino
y te acompañó a salir de Xinjiang
mientras él se quedaba atrás
veinte años de idas y vueltas
silencios incomprensibles

durante el reencuentro
te topaste con aquellos recuerdos
de otra vida
y agradeciste que él los hubiera llenado de color
aunque él solo recordaba
fragmentos su adultez
se había desvanecido en una vida de tonos y polvo
blancos y negros
pensaste que el reencuentro
podría ser una dulce balada o que podías
preguntarle por la salud de sus padres
o tal vez ser como una tía lejana de sus hijos
hasta que una noche
te envió una foto
en ropa interior
ajustada
su cuerpo
ligeramente rechoncho

1979年农村还买不到卫生巾

妈妈的同学张艳丽和崔晓雯
下课前
把手藏在课桌抽屉里
揉报纸
揉啊揉
揉啊揉
越软越好
揉啊揉
妈妈已经18岁
月经迟迟不来
她明白她们在做什么
心里想着
自己还挺幸运

en 1979 en el campo no había toallas sanitarias

las compañeras de mi madre Zhang Yanli y Cui
Xiaowen durante la clase
pasaban largos periodos
con las manos escondidas en el cajón del
pupitre estrujando papel periódico
lo estrujaban y estrujaban
una y otra vez
hasta convertirlo en algo suave

mi madre que tenía 18 años
aún no había menstruado
pero sabía bien lo que hacían sus
compañeras
para sus adentros
pensaba que en el fondo
era muy afortunada

少女的爱情

她戴着一条
匕首形状的水晶项链
站在墙角抽烟
跟我讲述最近的生活
那个男孩挺帅的
就是喜欢管教批评她
昨晚她和他吵了一架
吵输了
就跑出去吃爆辣的火锅
她说特别爽
最爽的是今天早晨
拉肚子
直接砰砰砰炸了马桶
把那个男孩
都吓傻了

amor de juventud

ella lleva un collar
con una medalla de cristal
en forma de daga
me cuenta cómo le va
mientras fuma en la esquina

el chico es guapo
pero tiene la manía de criticarla
anoche discutieron
y ella salió perdiendo

para desahogarse se fue a comer un *hot pot*
picante
"fue increíble"
aunque lo mejor llegó al día siguiente
dice
cuando se le aflojó el estómago
y en el inodoro se liberó por
completo haciendo un ruido
estridente
"bong bong bong"
y el chico sorprendido
casi pierde el aliento

最彻底的爱

他喜欢她的
汗味儿
体液
口水
甚至她激动时
溢出的小便
他舔啊吸啊喝啊
她陷进去
以为那就是
最彻底的爱
她身体里的
水
慢慢都变成
泪
他承受不了了

amor absoluto

él amaba todo de ella su sudor
su olor
sus fluidos
su saliva
incluso
las gotas de orina
que escapaban
cuando entraba en
éxtasis lamía bebía
lamía otra vez
ella deslumbrada
lo creyó amor absoluto

un día
su cuerpo cambió
sus líquidos
se hicieron
lágrimas él
entonces
la evitó

no pudo soportar
ese nuevo río

分手

几千里赶回去
他却没有出现
电话里劝她好好冷却
她像打夯机
边走边跺脚
乳房像打出的两个拳头
一张脸哭成八爪鱼
踉跄回到酒店
一口气烧完了
他们之间的情书
洁白的瓷马桶
被烧成
一个乌黑的洞

ruptura

viajó cientos de
kilómetros para verlo
él no apareció
la llamó
le dijo que se calmara
ella pateaba el suelo
como si taladrara la
tierra su pecho
agitado
se erguía
como dos puños de
boxeo su rostro
desfigurado por el
llanto parecía un pulpo

así llegó tambaleándose al
hotel de pronto
en un arrebato quemó todas las
cartas
que él le había escrito

la taza del cuarto de
baño de porcelana
blanca
se transformó
en un tiznado agujero negro

十八岁

无花果
熟到裂开了她们的果脐
我站在树下等他下班
一滴蜜汁砸落在我鼻尖
他走过来
吓唬说我头发上叮着蜜蜂
并用手指揩去
那滴隐隐滑动的果水
放进嘴里尝了尝
他竟然约我去游泳
我先是答应了
整个夏天我都在渴望
为他炸开
可回家后看着镜子里
发育过度的胸
微胖的小腹
额头红肿的青春痘
自卑的羞耻感
驱使我改口拒绝了他
以一个编造的女性的借口
——我来了月经

18 años

los higos
gotean abiertos
cuelgan
ombligos al aire
yo
bajo la higuera
espero que él salga del trabajo

una gota de néctar cae sobre mi nariz
él se acerca
me mira sonríe y bromea:
“tienes una abeja en el pelo”
limpia con sus dedos
la gota
la lleva a su boca
la prueba en silencio
me invita a nadar más tarde
acepto sin pensarlo dos
veces lo había esperado
todo el verano

pero de regreso a casa
el espejo me devuelve mi
imagen: pechos demasiado
grandes
vientre hinchado
granos que enrojecen mi frente

la vergüenza me anula
rechazo su invitación
diciendo torpemente:
“es que... me ha venido la regla”.

SEGUNDA PARTE

我的出生

生产持续了两个多小时
总体上很顺利
唯一的不顺
发生在产前三个月
检查时发现胎位不正
医生建议妈每天练习跪趴在床上
撅起屁股
她确实那样做了
一直到生的前一天
像一只跪羊
下面坠着大大的肚子

mi llegada al mundo

duró más de dos horas
fue un parto sin contratiempos
la única dificultad
sucedió tres meses antes
el feto estaba en posición anómala el médico
le pidió a mi madre que se inclinara arqueada
todos los días
sobre el abdomen
levantando la parte trasera
ella siguió las instrucciones
al pie de la letra
y se quedó así postrada
hasta el día previo al parto
como una oveja
con un gran vientre colgando por debajo

板集

晚餐在一间小屋
五个人围坐
那张清末的方桌
奶奶有不吃晚饭的习惯
她看着我们
灯光下的几辈人埋头餐饮
正进行着结束一天的最后仪式
这里的时间都用日出日落
和一日三餐切分
生病的人随便在身上挨一刀
休养几个月成为永远的病人
酗酒的醉汉双眼浮肿
出没三天消失五天
老年人都在担心他们的龙头拐杖
木头碎了怎么拼也不能还原
死神总是站在门口几米之外
如瞎子磨刀，大喊一声
——快了

banji

cenamos en una habitación pequeña
cinco personas alrededor
de una mesa rectangular estilo dinastía Qing
la abuela no cena
pero nos observa
varias generaciones comiendo juntos bajo
la luz de un farol
cumplimos el último ritual del día

aquí las horas las dicta el sol
cuando sale
cuando se pone
y las tres comidas del día
los enfermos son operados con bisturís y
con descuido
y quedan dañados de por vida
los ojos hinchados del alcohólico ebrio que se
pasea tres días y desaparece cinco
las ancianas cuidan de sus bastones con Cabeza de
Dragón temen que la madera se estropee

la muerte aguarda siempre a unos metros del portón
como un ciego que afila su cuchillo
y anuncia fuerte "el final está por consumarse"

板集阳历年

我们戴着帽子睡觉
寒气扑面
从被缝沁肤入骨
水在屋内桶中结冰
邻居家的鹅
在冻铁一样的黑夜里
发出金属滑擦锅底的嘶鸣
迟迟没睡着的奶奶
絮叨着
她在民国 30 年
和 1960 年的呓语
“人是一盘磨
睡着不渴也不饿”

un año en Banji

dormimos con los gorros puestos
el frío azota el rostro
colándose por entre las mantas
calando hasta los huesos
dentro de casa
el agua del cubo se ha hecho hielo
en la gélida noche
los gansos del vecino
emiten un chirrido metálico
parecido al rasguido de una olla
mi abuela
que no logra conciliar el sueño
murmura frases
de los años 30
de la República de China
de 1960:
“el ser humano es como una piedra de molino
cuando duerme no siente ni sed ni hambre”.

儿时过冬

晚上给瓷壶
装了热水放被窝
早晨把赖床不起
我的凉棉裤
拿到炉子上烤烤
塞我一个热鸡蛋
暖手
往我鞋子里填
软软的苇絮
想来想去
童年冬天暖和的记忆
都与奶奶有关
爷爷呢
有一项
用他洗过脸的热水
洗脸
一股热腾腾的
老头味儿
在他去世十三年后
又扑鼻而来

inviernos de mi infancia

por la noche
ella llenaba una jarra de
porcelana con agua hirviendo
la metía en mi cama
por la mañana
calentaba mis pantalones
fríos sobre la estufa
me daba un huevo tibio
para avivar mis manos
y luego llenaba mis zapatos
con varillas de carrizo

todos los inviernos cálidos
de mi infancia
los tejió mi abuela
¿y mi abuelo?
de él solo guardo un recuerdo

el agua tibia con el que se lavaba la
cara que luego yo usaba
ese olor cálido
vaporoso
de anciano
me envuelve de nuevo
trece años después
de su partida

榆叶雨

奶奶爬到树上
摘榆叶
她嫂子饿得爬不了树
叫奶奶拉她上去
奶奶说我可拉不动
你要是把我也坠下去
一家人今天就饿死了
民国三十年的阳光
照着十一岁的瘦奶奶
和她更瘦的小嫂子
树上的少女忽然从筐中
抓起一把叶子
给她快晕倒的嫂子
下了一阵可以吃的雨

lluvia de hojas de olmo

mi abuela se encarama sobre el árbol
para arrancar hojas de olmo
su cuñada
hambrienta
incapaz de subir al árbol
le ruega a mi abuela que la ayude
mi abuela responde: “no tengo fuerzas
además
si caigo contigo
la familia se quedará sin comida y moriremos todos de hambre”

el sol de la República de China en el año treinta
ilumina a mi delgada abuela de once años
y a su aún más delgada cuñada

de pronto
la joven encaramada sobre el árbol
arranca un puñado de hojas
y lo lanza sobre su cuñada
casi desmayada
una lluvia
comestible
cae sobre ella

奶奶睡着时

噗噗喘着气
像一条鱼要游进
屋后河里
白天她说自己走不了远路
不能去赶集
她想买条鱼
破块儿腌一下炸好
让我带回北京吃
半夜起梦
她又说要给我包饺子
如果奶奶知道她睡着时
像一条鱼
早晨醒来
她一定会将自己
装进盘中

mientras mi abuela duerme

respira de manera entrecortada
como un pez que intenta
agotado
unirse a la corriente
del río detrás de la casa

durante el día dice que ya no
puede caminar lejos
que sus piernas no alcanzan el
mercado pero quiere comprar un
pescado sazonarlo
freírlo
para que me lo lleve a Beijing

en la madrugada
al despertar de un sueño dice que quiere
hacerme ravioles

si mi abuela supiera
que cuando duerme
se parece a un pez
al levantarse
seguro se colocaría a sí misma
encima de un plato

98 年去喀什

走了七年后
爸妈让堂哥回板集接我
堂哥说去了天天有鸡肉吃
我心动了一下
堂哥说你爸妈很想你
我说不去
堂哥说去了你爸给你买飞机
我嘴上说骗人心里却有点相信
直到堂哥说喀什街上
到处都是钱
去了就能随便捡
我想象自己手拿布袋
一边捡纸钞
一边捡硬币和玉石
终于松了口
大巴到商丘
睡在绿皮火车座位底下
辗转西安库尔勒
再坐两天两夜大巴
到了
妈妈卖鸡的巴扎

en el 98 fui a Kashgar

me había ido hace siete años
mis padres pidieron a mi primo que fuera a Banji a recogerme
me prometió que si volvía
comeríamos pollo a diario
la idea solo logró emocionarme ligeramente
"tus padres te extrañan mucho"
añadió
respondí firmemente "no voy"
mi primo insistió
"si vas
tu padre te comprará un avión".
"es mentira" dije en voz alta
aunque por dentro pensé que quizás era cierto
luego mencionó que las calles de Kashgar estaban pavimentadas de dinero
me imaginé con una bolsa de tela
recogiendo billetes de papel y monedas de jade
finalmente cedí
viajé en autobús hasta Shangqiu
dormí bajo los asientos de los trenes verdes
hice trasbordos en Xi'an y Korla
después de dos días y dos noches en autobús
llegué finalmente al mercado
allí
donde mi mamá
vendía pollos

奇迹的喀什

九点四十三分
天还没有黑
沙漠尽头
轻浮的合欢花
在富足的阳光里
等待爱情降临

我朝着与落日相反的方向
奔跑
快一步站在夜的疆域里
听见整座城市
生殖、繁衍的声音

在喀什
什么都是干燥的
包括情人的眼睛和嘴唇

Kashgar insólito

nueve y cuarenta y tres
el cielo aún no ennegrece
en el confín del desierto
ociosas mimosas
bajo caudales de luz del sol
esperan la llegada del amor

corro
en dirección opuesta al sol poniente
aprieto el paso
me detengo donde termina la noche

oigo los ruidos de la ciudad
que procrea y se multiplica

en Kashgar
todo es árido
incluso los ojos y labios
del ser amado

喀什

牌楼下几个卖旧货的
维吾尔族老人
揣着手蹲坐成一排
黑帽白鬓
像几只歇脚的大鸟
尚在隆冬
老城的天空通透如冰块
散射着白色的寒光
不远处的铜匠铺叮当作响
那些挥手嬉戏的小孩
从风中飞落到屋顶的鸽子
猛地回过头来咩叫的
短尾绵羊
都按着某种神秘的旨意
铺排在巴扎之上
喀什的天空是一个巨型放大镜
这座被太阳和月亮
共同搅拌的城市
一直在飘浮着上升
如那些老者呼出的热气
如必定受难的灵魂

Kashgar

bajo el arco de las tiendas
viejos Uigures venden
objetos de segunda mano
sentados en fila
las manos en los bolsillos
gorros negros y barbas blancas como
enormes pájaros que se aquietan

antes de emprender vuelo
el cielo vacío y transparente
de la vieja ciudad
parece un témpano de hielo
esparciendo su luz blanca y glacial
a lo lejos el sonido de martillos
y niños que juegan con las manos en
alto palomas que descienden desde el
viento y se posan en el tejado
ovejas de cola corta
que al girar la cabeza balan
siguen todos las misteriosas indicaciones de
cierto dios
sobre el gran bazar se extiende
el cielo de Kashgar
como una gran lupa agitada por la luna
y el sol
continúa flotando hacia arriba
como el aliento cálido que emanan
los ancianos
o las almas condenadas

白桑椹

滨河路东边的墓地
曾是我们童年的
秘密园地
桑树结满饱胀的白果
白皙的汁水
迎着白亮的日光
在夜晚的磷火中
最勇敢的男孩
找到一块人骨
挥舞着在我们背后追跑
那年我十三岁
穿过滨河路回家的时候
看见一个死孩子
流淌着脑浆

moreras blancas

un cementerio al este de la calle
Binghe fue el jardín secreto
de nuestra infancia

moreras con blancos frutos
colmados de níveo néctar
y de la luz del día

en la noche
siguiendo destellos de luz
el chico más osado
halló un hueso humano
y corrió detrás de nosotros
asiéndolo en alto

tenía trece años
de camino a casa
al cruzar la calle Binghe vi a un niño
muerto
con los sesos desparramados

合欢

树荫跟着太阳
不停移动
我和妈妈换了三个地方
终于还是坐到了
姥姥晕倒再也没能醒来的
那条长椅上
那是在小广场北侧
两棵合欢树中间
妈妈简单向我描述了
初春的那个下午
她几点到的
医生是蹲在哪个位置进行抢救的
接着我们聊了更多她的生活
和我的生活
广场上飞跑的小孩
像一条条泥鳅
滑进日光的海中
妈妈说到“如果等我
有了孩子……”
我朝她旁边坐了坐
我们左边因此有了更多位置
就像姥姥和我的孩子
都坐在了那里

acacias

la sombra de los árboles sigue al sol
en constante movimiento
mi madre y yo cambiamos tres veces de lugar
hasta que al final nos sentamos
sobre aquel banco donde mi abuela
se desmayó una vez
y nunca recuperó el conocimiento

sucedió en la parte norte de la pequeña plaza
entre dos acacias
mi madre me contó brevemente
sobre aquella tarde de principios de
primavera a la hora en qué llegó y en qué
lugar estaba el médico cuando
intentó reanimar a mi abuela

luego, conversamos más sobre su vida
y la mía
mientras niños retozaban por la
plaza parecían anguilas
cuando se deslizan hacia el mar bajo la luz del sol

mi madre añadió: "cuando tengas
hijos..." en ese momento, me senté a su
lado
dejando más espacio a nuestra izquierda
como si mi abuela, y mis hijos
imaginarios estuvieran allí también
sentados

鹅

当它伸长脖子直刺前方
扇开翅膀
啸叫着在我身后追咬
我吓得大哭起来
白鹅冠顶的肉瘤饱满而肿胀
两粒机警的小眼睛
闪着执拗的光
像极了一架直升机与一条蛇的
混合体

父亲一脚踹飞了那鹅
拽起我的毛衣领子
把我拎到自行车上
"你知道鹅为什么敢
追比它大很多倍的人吗"
见我摇头
父亲说鹅的眼睛
像一个凸透镜
它所看到的一切事物
都变得很小很小
它才总有巨大的自信

多年以后我想起这场对话
眼见父亲种种集勇气
自负于一身的时刻
眼见他经受的每一次挫败
我终于知道了
父亲就是那只鹅

ganso

estira su cuello hacia adelante
abre sus alas
gritando me persigue intentando
picotearme asustada me pongo a llorar
la cresta del ganso blanco es robusta y grande
y sus pequeños ojos
lanzando obstinadamente rayos de luz
parecen un híbrido de serpiente y helicóptero

mi padre se acerca y patea al ganso
me levanta por el cuello
hasta la bicicleta
"¿sabes por qué el ganso se atreve
a perseguir a personas que son mucho más grandes que
él?"
mi padre me dice que los ojos de un ganso
son como un lente convexo
todo lo que ve
lo ve reducido
es por eso que tiene
tanta confianza en sí mismo

muchos años después recordé esta
conversación la valentía de mi padre
y los momentos en que se daba aliento
pensé en cada instante de frustración que
vivió y me di cuenta
finalmente
mi padre es como ese ganso

酒坛

大雨让河水涨得很快
他心血来潮
拿起我的尿布去河边洗
雨中他滑倒掉进水里
差点没被冲跑
据说那是他唯一一次
给我洗尿布
却因此让所有人都知道
他给我洗过尿布
今晚我在电话里告诉妈妈
前几天去参观了一家酒厂
获赠了两瓶很好的白酒
妈忽然讲起上面这件事
然后她说
你应该把那两瓶酒寄给你爸
你刚出生时
别人问他生的是儿子
还是女儿
他高兴地回答
生了个酒坛

una garrafa de licor

la lluvia hizo crecer el caudal del río
él
intrépido
tomó mis pañales y bajó hasta allí
para lavarlos bajo el aguacero
resbaló y cayó al río
la corriente casi lo arrastra
dicen que fue la única vez
que lavó mis pañales
pero bastó para que todos
supieran que alguna vez lo intentó

esta noche le he dicho a mi madre
por teléfono
que hace unos días
había visitado una destilería
y me obsequiaron dos botellas
de un licor exquisito

ella
de repente
me recordó esa historia y me dijo
que debería enviar esas dos
botellas a mi padre
porque
al nacer
cuando le preguntaron si había
tenido un niño o una niña
él respondió contento
que había nacido una garrafa de licor

头发

电话里告诉妈我剪了头发
她说那么长的头发你没扔吧
我说没
她说寄给我我想你的时候
可以拿出来摸一摸
天呐妈
你知不知道
摸一段被剪下来的
毛茸茸的头发
其实有点可怕

cabello

le conté a madre
que me había cortado el
cabello ella preguntó
si había guardado las
mechas dije que sí
ella insistió
en que se las enviara
para poder tocarlas
cuando me extrañara

mamá, por favor, le dije:
¿no te parece
que tocar mechones de mi pelo cortado
es algo un poco espeluznante?

遗传

月经彻底不调后
去看医生
医生询问我的年龄
以及我妈闭经的年龄
打电话给妈
妈很忧虑
她明显比我更担心
我的月经
因为月经将决定
我是否还能生孩子
而我妈希望我有
一个孩子
妈说她是 43 岁闭经的
医生说这确实偏早
我也第一次知道
妈到了 19 岁才月经初潮
医生说这也确实偏晚
说我可能有提前闭经的
家族遗传
妈在电话那头急了
她大声说
“我遗传给你的
都是好的
！！！”

herencia

mi ciclo estaba fuera de control
fui al médico
me preguntó mi edad
y cuándo había dejado de menstruar mi madre

la llamé
su voz sonaba inquieta
mucho más preocupada que yo
porque
según ella
de eso depende
si todavía puedo tener hijos
algo que anhela

dijo que dejó de menstruar a los 43 años el
médico respondió que era muy temprano
ella añadió
que su primera menstruación fue a los 19
años
el médico dijo que eso era muy tarde
mala predisposición genética
explicó
una señal de que podría dejar de ser fértil temprano

mi madre no tardó en reaccionar
alzando la voz
aseguró:
todo lo que has heredado de mi
es bueno
todo es bueno

满月思

以前我太像
铅球、天鹅
或一架天平，
质量和平衡把我控制在
无冲突的生活里，
我自己也相信
这表示优雅
并臣服于优雅，
它像戳出天平的一截铁
变成我的十字架，
但狮子要吼出戏剧
戏剧里刮着大风。

reflexión de luna llena

antes parecía
una bola de acero
un cisne
o una balanza
el peso y el equilibrio dictaban mis días

atada a una vida sin
conflictos creí que eso era
elegancia
me rendí a ella
como un fragmento de hierro
que brotaba del eje de la balanza
un trozo de metal
alzado como una cruz

pero el león necesita rugir
dramas un drama
con tempestades furiosas

TERCERA
PARTE

霜降之夜

霜降的雨水此刻在响
我释放的盐挂在脸上还未洗去
早早就躺下了，床头的灯光照着
那个疯狂而疲倦的场景慢慢退去
我们都豢养起猛兽，柔软下来
你虚弱地陷在椅子里
读了一段白天的日记

这是个完美的世界，因为我们还能
击溃对方
多么费解的矛盾：我们的精神
并没有融进，我们的身体

我们不停追逐着它
充沛的花冠，脱尽了水分
在霜降之夜
我已交不出我的性，用于救你

noches de escarcha

la escarcha cae en gotas que tintinean
yo no he limpiado la sal que aún empaña mi
rostro me acosté temprano junto a la lámpara
aquella escena salvaje y devastadora se disuelve
lenta
criamos fieras pero luego nos ablandamos
tú te derrumbas sin fuerzas en la silla
lees un párrafo de tu diario

este es un mundo perfecto
porque todavía podemos herirnos
mutuamente
qué contradicción absurda: nuestro
espíritu no se funde con nuestro cuerpo

la buscamos sin descanso
corola desbordada
líquido que se esfuma en esta noche de
escarcha
ya no puedo ofrecerte mi sexo
para salvarte

梦

如果把梦做得很大很空
就用汉字“门”去形容它
早晨便可打开这个梦
等你探着步子进来
也许应该把你关在里面
一个恶作剧
把你关进我粉色的身体

有时梦也小而结实
像一粒榛子
整夜你都在外面“咔咔”嗑它
用你的鱼嘴
等这颗坚果感到了痒
我就一定能清醒过来
而你却躺在一片奶白色之上
因为贪吃了太多的梦
你已睡熟

sueño

si quiero soñar grande y
vacío digo "puerta"
así
abro un sueño por la
mañana espero que cruces el
umbral
y entres

me apetece cerrarte la
puerta jugarte una trampa
atraparte dentro de mi cuerpo rosáceo

a veces el sueño es pequeño
duro como una avellana
que muerdes por la noche
con tus labios de pez
cuando la nuez empieza a
cosquillear despierto

tú
tendido
sobre un cúmulo blanco
glotón de sueños
comiste tantos
que caíste dormido

蓖麻

我记得有一种植物的叶子
像一个个摊开的手掌
每一片都长着九根手指
我想了好久也没记起它的名字
在快要被砍头的时候
我大声喊出
蓖麻蓖麻

我记得他说
想从阴道钻进我的子宫
他希望我能生下他
如此我便会像爱一个孩子那样
无条件而永远地爱他
我记得我没有接话
我嗡嗡叫着
好像嘴里嚼碎了一把种子
蓖麻蓖麻

tártago

recuerdo las hojas de una planta
abiertas como la palma de una mano
nueve dedos en cada una de ellas
intento recordar su nombre
casi pierdo la cabeza en el esfuerzo
hasta que
de pronto
viene a mí
"tártago, tártago"
digo en voz alta

recuerdo lo que él me dijo
deseaba deslizarse por mi vagina
habitar en mi útero
que me preñara con él
en mi vientre
para luego darle vida
y amarlo como sólo se ama a un hijo
eterna e incondicionalmente
recuerdo que cambié de tema
murmuré un zumbido con mis labios
como si estuviera masticando un puñado de
semillas
"tártago, tártago"

男母亲

我总说他像小豹子
这没什么新意
女人喜欢把她们的男人
形容为豹子、虎、小狗
他的乳头就是这些动物
鼻尖的颜色
每当我像婴儿轻轻舔过
他就有了母马、鹿、绵羊
湿哒哒的神情
他小腹疝气手术的疤痕
仿佛做剖腹产时留下的
而我正好来自那里

mi madre es un hombre

suelo decir que se parece a una pantera
apelativo nada novedoso
a las mujeres nos gusta apodar a nuestros hombres
como felinos: panteras tigres cachorros
pero él sólo se parece a ellos en el color de sus
pezones que son del mismo tono que los hocicos de
las bestias
cada vez que paso mi lengua sobre ellos como un niño
amamantado
él se transforma en yegua en gacela en borrego
su mirada se humedece
y su cicatriz de hernia abdominal
parece la de una cesárea
de la que nazco yo

孪生

你来看因失眠而面目
变形的我
像一起躺在
同一个子宫里
你捧着我的脑袋
在我脸上画你家乡的地图
你指着我的右眼说
这里是北围墙
左眼：米家村
鼻子：建陵
人中：昭陵
而我上嘴唇的山王村
正起火出水泡
还没等你绕到我的下巴
——你出生的西北村
我就已经睡着了

gemelos

viniste a verme
tenía el rostro torcido por el
insomnio yacíamos juntos
como si compartiéramos el mismo
útero mientras sostenías mi cabeza
en mi piel trazaste el mapa de tu
pueblo sobre mi ojo derecho
señalaste: "este es el muro norte"
en el izquierdo
"el pueblo de los Mi".
mi nariz:
"es Jianling"
más abajo:
"es Zhaoling"
en mi labio superior
"Shanwang, la aldea
que arde"
(por mi ampolla inflamada)
antes de llegar a mi barbilla
al rincón donde naciste
yo ya me había quedado dormida

蜥蜴

他让我摸摸那只
红蜥蜴
可我真不敢
金红色革质齿状的鳞片
警觉的龟或蛇的头
都让我畏惧
而它的眼神与人类的眼神
相去那么远
他先做了示范
阳光中他的手像一把光钳
轻轻夹住蜥蜴长满刺的背
我看到那个小怪兽
四只脚爪颤抖着
紧紧扣住木板
和人类做爱时痉挛摆动的四肢
有相通的无助脆弱感
终于我伸出右手
蜥蜴的皮肤竟然很柔软
和我想得
完全不一样

lagartija

él sugiere que acaricie
a la lagartija roja
pero
siendo honesta
no me atrevo sus escamas
rojas y doradas
con textura de cuero
y su cráneo alerta
entre tortuga y serpiente
me intimidan
su mirada no se parece en nada a la humana

él lo hace primero
sus manos bajo el sol
parecen pinzas sostienen
con cuidado la espalda escamosa del
pequeño monstruo
tiembla
sus cuatro patas se aferran con
fuerza a la tabla de madera
se mueven espasmódicas
como si algo dentro
se estuviera rompiendo
la observo
tan frágil
como un cuerpo en el acto final
respiro acerco mi mano
la toco
su piel
inesperadamente suave
me sorprende
no era como la imaginaba

那时我们是真需要彼此

我们站在屋檐下
看姑姑家刚生产过的小母狗
瘦瘦却舒展地
卧在干草窝里
失去所有孩子后
她正慈爱地
奶着一只
饿晕了的流浪猫
这对跨越物种的母与子
奇妙地相拥在一起
回家路上紧紧
牵着手的我们
手心都出了汗
那天我们是真的
需要彼此

en ese momento nos necesitábamos

estábamos bajo el alero
observando a la perrita de mi
tía que acababa de dar a luz
delgada pero relajada
yacía en su lecho de paja
los ojos vacíos por haber
perdido a todas sus crías

ahora ofrecía
su leche tibia a un gato
vagabundo hambriento casi
muerto
madre e hijo
yacían acurrucados
en un pacto
más allá de sus especies

de camino a casa
tú y yo
íbamos de la mano
con las palmas sudorosas
ese día
nos necesitábamos
el uno al otro

为你买一头大象

你说想要一头真的大象
这不太容易
我想了很久
找到一头非洲象
她曾是社交明星
36岁
名字和你的名字只差一字
刚从动物园退役不久
目前住在一个西部农场
仅需 500元
我就能让你拥有她
一直到她死去
大象农场会给我们一张
认领证书
当然
你要和很多人一起拥有她
就像我知道
我一直都在和别人
分享你
好了付款完成
现在我们可以通过摄像头
观看你的大象
如何在河边饮水

un elefante para ti

dices que quieres un elefante de verdad
no es fácil pero
después de muchas vueltas
encuentro una elefanta
africana una superestrella de
las redes
36 años
con un nombre casi igual al
tuyo apenas
cambia una letra
acaba de salir del zoológico vive
ahora en una granja al oeste por
500 yuanes
es tuya
hasta que muera
eso dirá el certificado de
adopción aunque tendrás que
compartirla
como yo sé que te comparto

ya está
he hecho el pago
ahora podemos mirar a tu
elefante beber agua del río
a través de la cámara

美国海军入睡法

控制一团意识
先把它运在大脑
那里正高速旋转
接着让它滑向喉咙
那里有一个尖叫的人
滑向胸腔
需要很多次深呼吸的胸腔
滑向乳房
需要被握住的乳房
滑向双臂
它们正在黑暗中无限延伸
滑向腹部
紧张得痉挛而忘记饥饿的胃
滑向粉色的三角地
滑向交叉的双腿
滑向抽筋的脚趾
直到那团意识
一寸寸
吃掉这架发疯的身体

método de sueño de la marina de los Estados Unidos

tomar las riendas de la conciencia
llevarla hacia al cerebro
—donde gira a una velocidad vertiginosa—
luego deslizarla hacia la garganta
—donde alguien está gritando—
hacerla descender hacia el tórax
respirar profundamente varias veces
luego moverla hacia la zona de los pechos
—que claman ser acariciados—
deslizarla hacia los brazos
—que se extienden hacia la oscuridad infinita—
luego avanzar hacia el abdomen
—tenso y arqueado olvidando incluso el hambre—
deslizarse hacia aquel triángulo rosa
hacia las piernas entrecruzadas
para terminar
paseando entre
los dedos de los pies acalambrados
hasta que esa masa de conciencia
consuma completamente el cuerpo
frenético pulgada a pulgada

醉梦

模拟你的手
揉着乳房
有种踩在月亮上的快感
不知眩飞了多久
醒来时双腿
像电影中的产妇
叉开
姿势固定在
将要生出一声
孩儿啼哭
的期待中

sueño ebrio

froto mis pechos
tus manos imaginadas
me recorren
gozo
camino sobre la luna floto
pierdo la noción del tiempo

despierto de golpe
piernas abiertas
dobladas hacia arriba
como las parturientas
de ciertas películas
mi cuerpo anclado
en esa posición
expectante
como aguardando
el llanto de un bebé

梦的乘客

梦见你去当裸模
远远坐在美术系的教室里
一群年轻人勾勒你
瘦到发出骨头光泽的身体
你在画板上对我显形

又梦见你在打拳击
被对手打得嘴角流血
你奋起反击
精彩的 KO

这梦像一架飞机
划过日食全黑的天空
我和你就像地球和太阳
隔了一轮月亮
我爱你

pasajero de un sueño

soñé que posabas desnudo
sentado al fondo de un aula
del departamento de arte

un grupo de jóvenes rasgaba el papel
dibujaba tu cuerpo delgado
terso como un esqueleto
revelándose ante mí en los bocetos

luego soñé que boxeabas
el oponente te tumbaba
de tu boca brotaba sangre a
borbotones te levantabas y lanzabas
el golpe final

ese sueño era como un avión
que atraviesa el cielo
eclipsado y oscuro
se nos parece

tú y yo somos
como la tierra y el sol
eclipsados por la luna

y aun así
te amo

使用说明

一款感情冷冻冰箱

空间：一颗心那么大
温度：取决于情绪，情绪稳定时能得到最好的温度
湿度：容易过湿，泪水等体液都不受控制
作用：保鲜或冷冻情感，让你的时间静止而他人的时间正常运行
禁忌：一切主动逃出冰箱的念头
附赠：短时失忆冰箱贴

此刻我驮着这个时而正常
时而紊乱的冰箱
乖乖把自己冻在里面

instrucciones de uso

una congeladora de emociones:

un espacio del tamaño de un corazón
ajustar la temperatura
al estado de ánimo
solo la estabilidad es garantía
la humedad
es desbordante no controla ni lágrimas
ni otros fluidos
el propósito es simple:
detener las emociones en hielo
congelar tu tiempo
mientras el resto del mundo sigue dando
vueltas está prohibido cualquier intento de fuga
en la puerta hay un imán que sufre de amnesia

cargo en este momento este aparato
que a veces funciona normalmente
a veces me traiciona
pero yo obedezco
y me hundo en su cámara
completamente helada

伤心的速度

梦见和陈侗老师
一起听《伤心的人》
我说 1.25 倍的速度听比较好
他说还是正常速度听更好
我说 1.5 倍速度
快点伤心完比较好
他说
还是正常速度地伤心
才好

la velocidad de la tristeza

en un sueño
escuchaba la canción
Una persona triste
con su autor Chen Tong a mi lado
le propuse escucharla
a 1.25 veces de su velocidad normal
él dijo que el ritmo original
era perfecto

insistí
escuchémosla a 1.5 de velocidad
así la tristeza se extinguiría más rápido
él
sereno
sentenció:
"la tristeza debe transcurrir a su propio ritmo"

血蛤

从菜市场买回
泡在水中，仍是活的
一个个张开口

他说这道菜要最后煮
煮好就得赶紧吃

网上有人只煮 8 秒或 10 秒
有人数到 15 秒关火，盛到盘子里
不过 20 秒
每一秒都会改变味道

他一颗颗打开，放在我们面前
暗红色的血汁浸着光滑的肉
鲜嫩，爽脆
像初见时，彼此的心意
崭新，兴奋：
一种泡影般的"有"，朦朦胧胧
跳跃过
此后每多一秒，情境都已不同

berberechos en sangre

comprados en el mercado
puestos en agua
todavía vivos
se abren lentamente

él dice que es un plato que se cocina al final
y se come de inmediato

en las redes algunos recomiendan
cocinarlos 8 o 10 segundos otros
dicen que apagan el fuego a los 15 segundos
y los sirven pero
nunca se cuecen más de 20 segundos
cada segundo altera su sabor

él los abría uno a uno
y los colocaba frente a nosotros
con su pulpa brillante
sumergida en sangre roja oscura
tierna firme crujiente

algo así
como lo que sentimos al encontrarnos
algo fresco emocionante
una ilusión una chispa
vibrante y vaga
una escena que se transformaba
a cada segundo

七夕

三轮车开出村庄
虫鸣水声
从轰隆隆中浮出来
风是薄薄的凉网
刚一形成就破在
脸上脖颈上手上
右边是溪流树林
左边是山
近得都能抓住
萤火虫出现了
轻飘飘的小亮点
在黑色里悬停或移动
不多
但一眨一眨的时刻
有人说足以感到了幸福
幸福得要手牵手才能感受
这种幸福
牵手可爱
只是牵着手
又如何逍遥游

festival del Doble Siete

un triciclo sale del pueblo
el canto de los insectos y el murmullo del
agua se enredan en el ruido del motor
el viento es una red fina y fría
que desgarra
la cara el cuello las manos

a la derecha el arroyo y el bosque
a la izquierda la montaña
tan cerca que puedes tocarla

luciérnagas aparecen

pequeños puntos de luz flotando sin
peso suspendidas o errantes en la
oscuridad no muchas
pero en su parpadeo
fragmentado alguien dice que se
halla
la felicidad

una felicidad
que solo es real
que solo se siente
si uno entrelaza las manos de otro claro
que entrelazar las manos tiene su
encanto pero con las manos entrelazadas
cómo puede uno divagar libremente

CUARTA
PARTE

PERSONA

星期三的珍珠船

当秋天进入恒定的时序
我就开始敲敲打打
着手研磨智慧的药剂
苦得还不够，我想
只是偶尔反刍那些黏稠的记忆
就足以沉默
要一声不出地吞下鱼骨
要消化那块锈蚀的铁
我想着这一生
最好只在一座桥上结网
不停地画线
再指挥它们构建命运的几何
我必定会在某一个星期三
等到一艘装满珍珠的船来

un miércoles un barco de perlas

cuando el otoño se instala en sus horas
constantes mezclo
en el mortero
la pócima de la sabiduría
no es del todo amarga
pienso
los recuerdos viscosos
vuelven de vez en cuando
a llenar mi silencio

trago espinas de peces sin hacer
ruido digiero
trozos de metales corroídos
en esta vida
pienso
he de echar telarañas en un solo
puente donde las líneas geométricas
que teja
construyan mi destino
quizás así
de pronto
un miércoles cualquiera
arribe a mi puerto un barco
colmado de perlas

原来我们的死亡活着

死者来到梦中
从地下室搬出一盆
枯萎的植物
茎枝开始生出茂密的新绿
叶子迅速长大时
房间里出现一条快速流淌的
河 水中有一个梯子
死者跳到梯子上
梯子被冲走
死者掉进河里
急水推着他
推进一个桥洞
死者漂出桥洞的瞬间
像青蛙跃身跳到岸上
没有溺水
死者没有再死一次
他去了一个理发店
头发被擦干
编了很多立起来的辫子
每根辫子上
都开着花

la muerte vive

el muerto aparece en el sueño rescata
del sótano una maceta seca cuyas
ramas revientan en brotes las hojas
explotan en un verde urgente un río
atraviesa la habitación
una escalera surge del agua

el muerto salta la escalera flota
caen ambos al río
que los devora y los escupe
hacia un túnel sin luz
bajo el puente

afuera
el muerto brinca como rana
se planta en la orilla
no se ahoga
(los muertos no mueren dos veces)

en la peluquería
le secan el pelo
le tejen trenzas delgadas
como columnas de humo
de cada una
florecerá una vida nueva

新的人生

打扰了，需要贷款吗？无押金，出贷快
宽带不限流量，买一年送一年
请问是李总吗？邀请您参加
在济南喜来登大酒店举行的
全球经理人高端论坛
亚运村租房了解一下
你好，你的房子准备出租或出售吗
你有一张免年费的信用卡可以领取
整体家装现在七折

……
尊敬的女士，请您一定不要挂断这个电话
只需要耽误几分钟的时间
您就能开启新的人生

nueva vida

disculpe, ¿necesita crédito? ofrecemos préstamos sin depósito
inicial oiga le regalamos un año de banda ancha ilimitada
buenas ¿directora Li? está usted invitada a participar
en el foro internacional del gran hotel Hilton
en la ciudad de Jinan
¿está buscando un alquiler en la villa olímpica?
hola, ¿alquila o vende su casa?
obtenga una tarjeta de crédito completamente gratuita
ofrecemos un
30 por ciento de descuento en la renovación de su hogar

……

estimada señora, por favor manténgase en la línea
sólo necesito unos minutos de su tiempo
para ofrecerle una nueva vida

螳螂

一只螳螂站在路上
秋天的阳光点亮
它羽翅的鳞片
四根细细的腿
支撑起饱满的肚子
两大前肢高举
如带刺双刀
当它机警的三角头
转向我的时候
既像刚刚起航升空的外星生物
蔑视地看了一眼地球
又像合掌的僧人
轻轻说了声
施主

mantis religiosa

una mantis de detiene en la calle
la luz de otoño ilumina
las escamas de sus alas y
las cuatro delgadas piernas
que sostienen su vientre orondo
ahora alza
las piernas delanteras
como si fueran dos afiladas espadas
y de pronto
su vigilante cráneo triangular se gira
hacia mí
me mira como un ser de otro planeta
que antes de echar el vuelo
lanzara una última mirada de desprecio
a la tierra
o como un monje con las palmas juntas que
dice suavemente
"dueño mío"

豪猪

一个男人发出奇怪的声音
冬夜我从他身边快步走过时
豪猪，这个词跳了出来
醉酒让一个人接近了动物
不，接近了我想象中的动物
我什么时候见过一只真正的豪猪呢
从来没有

puercoespín

un hombre emite ruidos extraños
aprieto el paso lo cruzo con prisa
en una noche de invierno
puercoespín
de pronto esa palabra me golpea la mente
embriagarse con alcohol transforma a los humanos
en animales no los transforma
en lo que yo imagino que es un animal
¿cuándo he visto realmente a un puercoespín?
nunca

尼亚加拉瀑布

数以万计起舞的水姬
摆动洁白的双腿
在北方的烈日下
汗水淋漓飘洒
闪着炸药的光芒

一大群白马飞奔过来
临崖腾起前蹄
却因为疾驰的惯性
纷纷坠落
嘶鸣声在谷底的深潭
慢慢合拢

尼亚加拉瀑布无始无终
如同上游的水神
忘了关上他巨大的龙头

cataratas del Niágara

miles de ondinas bailan
agitando sus níveas piernas
bajo el ardiente sol del norte
gotas de sudor revolotean
luces de pólvora estallan

una manada de caballos blancos galopa hacia aquí
al aproximarse al acantilado frenan con sus patas
pero la velocidad los arrastra
y caen uno a uno por la pendiente
alaridos resuenan
convergen
en el valle profundo

las cataratas de Niágara no tienen principio ni
fin como si los dioses río arriba
hubiesen olvidado cerrar su enorme grifo

青蛙的旅行

照顾游戏中的青蛙
像照顾一个孩子
为他收割三叶草
采购食物、帐篷、灯笼
为他整理行囊
为他抽奖般赢取一张平安符
最重要的是
给他取名
未来
未来坐着写一篇日记
未来在劳作
未来出去旅行时
喜欢去以前去过的地方
重复的明信片不断被寄回来
直到一天你猛然想起
已有半月没登录过游戏界面
未来被你遗弃在那个App里
直到未来——
这个无法来到现实世界的胎儿
终将被你卸载

el viaje de la rana

cuidar de la rana en el juego
es como cuidar a un hijo
hay que conseguirle tréboles
comprarle comida una carpa lámparas
preparar su maleta
obtenerle un talismán en la rifa
lo más importante
es darle un nombre
"Futuro"

Futuro se sienta a escribir una página en su
diario Futuro trabaja duro
futuro sale de viaje
y regresa a los mismos lugares
conocidos envía sin cesar postales
repetidas
hasta que un día te das cuenta
de que hace medio mes no entras al juego
habías dejado a Futuro olvidado en la
aplicación entonces decides
desinstalar a Futuro
ese feto que nunca llegará al mundo real

一个罐子

所有仪式结束后
她才发现
原来停下来最可怕
时间静止又重启
桌上的白花
被称作遗照的照片
强调着一切都已是事实
但她确实不知道
葬礼之后的第一天
人们通常应该做点什么
她想起从火葬场回来的路上
她收的那点骨灰
几欲从纸盒里漏出来
因此心中升起新的一个念想
她要找到一个完美的罐子
正是满街寻找罐子的过程
使她短暂地脱离了
无事可做的恐惧

la urna

finalizados todos los rituales
se dio cuenta
de que lo peor era detenerse
contener el tiempo
y volver a empezar a duras penas

sobre la mesa unas flores blancas
y unas fotos recordatorias
recalcaban lo real de lo que sucedía
pero ella no sabía
cuál era la costumbre al día siguiente de un
velatorio recordó el regreso desde la incineradora y
aquel cúmulo de cenizas que se derramaba desde la
caja de cartón
una idea surgió en su mente
necesitaba una urna perfecta

mientras buscaba esta urna por las calles
olvidó por un momento
el terror de no saber
qué hacer con el tiempo

杀春

发芽的欲望
热得烫手
枝梢上蒸腾着
绿色的雾
花朵撑开花托
新的皮肉
忍着痛
破痂而出
突袭的春雪
洒在新肉上的
冻盐

matando la primavera

el deseo de nacer
quema
arde

bruma verde que asciende
se enreda en las ramas
las flores revientan sus capullos
carne nueva piel viva
brotan con dolor
desgarran la corteza

una nevada primaveral inesperada
se abalanza sobre lo naciente
como sal congelada

树眼

每棵青灰色的树身上
都长满黑眼
两道浓重的眼线
含着眼珠
有些很规整
静定的目力
能看穿对面的树
有些像张开的大嘴
喊出一个黑色的
“啊”
三角形或鱼腹状的
惊讶地凝视
锯刀切下的瞬间
滋滋声还在它表面生长
每一刀都有了去处
每个伤疤
都那么不相同

los árboles tienen ojos

cada tronco gris-azul
está lleno de ojos negros
líneas gruesas los
delinean algunos miran
serenos
atraviesan al árbol de
enfrente otros gritan
triángulos abiertos
vientres de pez

"¡ay!" un grito oscuro

emana de los ojos negros
cuando ven la sierra
cuando se acerca al
tronco y el serrucho
zumba

cada corte encuentra un
destino cada cicatriz
única distinta
irrepetible

石头

鹰和秃鹫在它上空飞过
佛学院的诵经声也日日被它听见
叫吉珍措的女孩捡起它
递给我
五年前从色达河谷
带回的这块石头
像一只被压扁的微型牦牛
先做了镇纸
又做了香皂托
后被扔在一个角落
昨天重新把它刷洗干净
褐色的石肉上
玉质的白线纹更加明晰
尤似仍在生长
这些雪山的油脂
高原的筋

roca

águilas y buitres vuelan sobre
ella cantos budistas
resuenan entre sus grietas
fue una niña llamada Jizhen Tso
quien la recogió
y me la entregó
hace cinco años
la traje
de aquellos valles
parece un yak en miniatura aplastado

fue pisapapeles
porta jabones
y luego quedó olvidada
ayer la limpié
sus líneas blancas
sobre el marrón desgastado se
asemejan a las vetas del jade
ahora lucen más claras

como si el aceite
de aquellos montes nevados
ligamentos de aquella
meseta estuvieran vivos
y siguieran creciendo

那几年

照片里
她都挂着暧昧的一张脸
死靠近时
她认不出那就是死
死发生时
她无法决定
是不是也应该
跟着去死
但她感到十年后的自己
一定想活着
有段时间她像蛇蜕皮
把死的遗物
脱在不同路上
她把一只没有脚的
瓷公鸡
放到人多的广场

aquellos años

en las fotos
ella tenía siempre
una expresión de desconcierto
cuando la muerte acechaba
no la reconocía
cuando la muerte ocurría
se preguntaba
si debía seguirla
pero luego pensaba que
tal vez
diez años después
querría estar viva

era como una serpiente
su piel
una crisálida desechable
que guardaba las huellas de otras muertes olvidadas

abandonaba un gallo de porcelana sin patas
en una plaza llena
envolvía un jarrón en una bolsa de plástico
lo estrellaba con fuerza hasta romperlo
después
salía sin mirar atrás
y lo tiraba
en un contenedor de basura

死亡乌托邦

得知万玛才旦导演去世的消息后
莫沫打来电话
她最近忙着翻译他的小说
准备在西班牙出版
她难过地问我：世界怎么啦？
她说：里所，我好想你们呀。你们可不可以都来西班牙。
我说：我们去了就可以不死吗？
她说：至少你们可以死在我身边。
我这里有一个很大的花园，你和沈浩波，你们都来吧！

utopía de la muerte

Pema Tseden ha muerto
Isolda me llamó triste
sumida en la traducción de su libro

Li Suo
los extraño
¿pueden venir a España?

asentí diciendo
claro que sí pero
¿acaso podremos escapar
a la muerte allí?

ella respondió
que en su casa tenía
suficiente espacio para mí y para Shen Haobo

“vengan, aquí al menos
morirían a mi lado”

难以忘怀

致沈浩波

你找回27年前的一个本子
里面都是你手写的诗稿
字迹工整版式美观
和那些青涩的句子一样
那时你19岁
初入诗坛
在诗歌活动上
恳切地想得到前辈们的意见
本子里有一页纸
是你收集的十来个签名
而今他们无一例外
全部死了
留下诗或者仅仅只留下
日渐会消失的
名字
在这个本子的封面上
印有四个字
“难以忘怀”
扉页上
你一笔一画地写着
“我写诗，是因为我活着”

inolvidable

a Shen Haobo

recuperaste un cuaderno de hace 27 años
tus poemas escritos a mano llenan sus páginas
la caligrafía precisa
el diseño limpio
tan novatos como tus versos
tenías 19 años
recién entrabas al círculo de los poetas
durante cada evento
ansiabas los comentarios
de los más veteranos

en una página coleccionaste más de diez firmas
hoy
sin excepción
todos han muerto
dejaron sus poemas
o solo nombres que
con el tiempo
también desaparecerán

en la portada del cuaderno
reza esto:
"inolvidable"
en la primera página escribiste con cuidado:
"escribo poesía porque estoy vivo"

波尔多熊猫

秘鲁诗人莫沫
坐在晨光中
用汉语告诉我
她有多想念汉语
她说相较于
英语的时态西语的变位
只有汉语
最简洁先进
能让人的大脑充满想象力
而她近来最常使用的法语
复杂得简直就像
法餐的就餐礼仪
半熟？七分熟？
够了
她果断宣布
世界通用语应该
改为汉语
并立即践行这一论断
把她的院子命名为
汉语语言区
她激动地和我交谈
把智利诗人帕拉的诗
从西班牙语翻译成汉语
大声朗读
她的听众除了电话这端的我
还有树上的鸟
墙上的猫
而当初她选择买下这所房子
也正因为
波尔多少见这种
种满竹子的
院子

panda en Burdeos

Isolda poeta peruana
bajo el resplandor matutino
me dice que extraña el idioma chino
afirma que
frente a los tiempos verbales del español
y las declinaciones del inglés
el chino es más conciso
más sugerente
más polisémico
capaz de evocar la imaginación

me confiesa que usar el francés
le agota últimamente
un idioma tan complejo como su gastronomía
¿medio cocido? ¿siete octavos?
"estoy harta" dice con firmeza
propone que el idioma universal
debería ser el chino
y asegura que convertirá su patio
en una zona lingüística para este idioma

habla con entusiasmo
recitando en voz alta poemas de Nicanor Parra
traducidos al chino
su audiencia
además de mí
al otro lado del teléfono
incluye a los pájaros que habitan los árboles del jardín
y al gato dormido junto a ella

她说
这很中国
就像在四川

"cuando compré esta casa" me cuenta
"fue por este patio lleno de bambúes"
y concluye:
"estos bambúes me hacen sentir en China
como si estuviera en Sichuan"

跨国惨案

平静的午后跨国电话
我和在法国的译者莫沫
隔空校对帕拉
读着《1957年的新闻》
智利“学生上街游行
像狗一样被屠杀”
莫沫忽然在电话里失声尖叫
狂怒的法语夹杂着几个
我能听懂的No
入室抢劫？厨房失火？
终于莫沫带着哭腔回到手机前
她说不好意思
它又抓住了一只小鸟
整个夏天它总是在抓鸟
让它接受抓鸟不对
就好像让人接受呼吸不对
一样难
对不起里所
我是在说我的猫
希望那只鸟是在装死
希望它还能活
我愣了一下说OK
我们来看下一首
《死者独白》
“请勿在我坟墓前偷笑
我随时可能跳出棺材
出现在天空！”

crimen Internacional

una tarde tranquila
nos comunicamos de nuevo
la traductora Isolda en Francia
yo en Beijing
leíamos en voz alta
por teléfono
un poema de Nicanor Parra
'Noticiario 1957':
Los estudiantes salen a la calle
Pero son masacrados como perros

de repente Isolda lanzó un grito desgarrado
—non, non, non, non…
lo repetía una y otra vez en francés.
el resto no lo entendí.
¿qué pasó?
¿un robo a mano armada?
¿un incendio en la cocina?

finalmente Isolda
con la voz temblorosa
volvió al teléfono
se disculpó:
—todo el verano ha estado atrapando pájaros
quiero que comprenda que no está bien
pero es como decirle a alguien
que respirar no es correcto

—lo siento...
mi gato, acaba de atrapar un pájaro
y ahora el pájaro yace allí
espero que esté fingiendo
ojalá siga vivo…

permanezco en silencio un momento y digo:
—ok
vamos al siguiente poema:
'Lo que el difunto dijo de sí mismo':
¡No se rían delante de mi tumba,
porque puedo romper el ataúd
y salir disparado por el cielo!

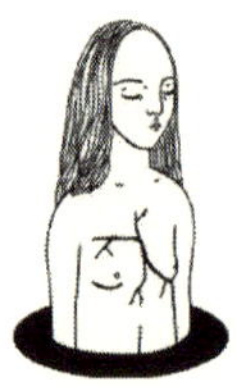

Con el apoyo de Cathay Culture (Francia)